AF320775

INVENTAIRE
F. 34.589

...ces de M.r Espelly.

...ces de M.r Espelly.

ORDONNANCES DE MONSIEVR ESPELLY

de la Ville de Marseille, touchant le mal Contagieux, quand vne Ville s'en trouue atteinte : & la maniere qu'il se faut gouuerner, & les précautions qu'il faut obseruer, comme on a vû par experience.

PREMIEREMENT, il faut que les Magistrats établissent un Conseil de personnes de probité.

Qu'ils fassent provision de tout ce qui leur peut estre necessaire, le moins pour trois mois, suivant la quantité des Habitans qui y seront.

Qu'ils divisent leur ville en quatre ou plusieurs quartiers selon la grandeur, & fassent un Capitaine en chacun desdits quartiers avec un Corps de Garde, pour empescher qu'il ne se fassent point de larcins, qui en ce temps-là sont trop frequents, & c'est ce qui augmente le mal.

Qu'ils establissent des Medecins, Apotiquaires & Chirurgiens pour medicamenter & y liter les malades dans la ville, & les Hospitaux où logeront les malades, & que ce soit des personnes, s'il se peut, bien experimentées. Cela estant tout prest,

Faut faire crier par toute la ville à son de trompe, que ceux qui voudront se retirer hors de la ville ayent à le faire dans quatre iours, autrement qu'ils seront renfermez pour quarante jours dans leurs maisons; cela est cause qu'il y a beaucoup de personnes qui s'en vont crainte d'estre enfermées, & cela décharge la ville d'autant. Ce qu'estant fait,

Il faut faire la recherche des pauvres que la ville

nourrira, & leur trouver un lieu, s'il se peut, hors de la ville pour les loger. Ce seroit une bonne affaire, & une grande décharge pour la ville : car ce sont les pauvres qui donnent plus de peine, & où la peste s'attache plû-tost.

Il faut ensuite disposer tous vos boulangers, Bouchers, Cabaretiers, Herbieres & autres qui fornissent la ville, les obligeant chacun à leur quartier d'y demeurer pour le temps & terme qu'il sera necessaire. Tout cela estant fait, vous disposerez vostre peuple à une retraite de quarante iours, que vous ferez observer ponctuellement.

Et pour cét effet vous établirez des personnes à chaque ruë, & de bons Religieux, si vous voulez, pour leur distribuer tout ce qui leur sera necessaire, & vne ou 2. fois la semaine permettre à un des chefs de chaque maison d'aller acheter leurs necessitez avec un des Gardes de la ville avec luy, à celle fin qu'il ne communique pas avec personnes infectées, & l'argent qu'ils donneront aux Boulangers & à ceux qui vendent, les faut obliger à le ietter dans le vin-aigre.

Plus une fois le iour les Medecins & Chirurgiens seront obligez avec quelqu'un des Intendans de la santé, d'aller par la ville, & faire sortir à la feneStre chaque famille pour voir s'il n'y a point de malades, & dès-lors qu'il s'en trouvera quelqu'un, faut faire vuider cette famille hors de la ville, c'est à sçavoir ceux qui seront attaquez de la peste avec les malades, & ceux qui n'auront point de mal dans uh autre lieu à part, auec les précautions suivantes, & dés aussi-tost qu'ils seront sortis de la maison, la faire parfumer avec les parfums cy-dessous.

Si l'on suit ces ordres avec ponctualité, empeschant par ce moyen la communication, assurément la peste finira, & s'appaisera dans les quarante iours de retraite , comme l'on a vû par experience.

Il faut obferver auffi qu'aux ruës où il y a eu & y a encore de la pefte , il y faut faire de grands feux fur le foir ; car il n'y a rien qui chaffe le venin comme cela.

Pour nettoyer & parfumer les maifons infectées avec le parfum qui eft décrit cy-deffous.

Il faut que les Parfumeurs entrent dans les maifons infectées , qu'ils prennent garde aux meubles qui ont fervy pour les malades , foit matelats, lits de plume , couvertures , linceuls , & autres linges , lefquels il n'eft point befoin de brufler ; mais les faut mettre tous dans une chambre , de laquelle on fermera bien les feneftres.

Si fur les matelats il y avoit des excremens du malade , il les faut faire découdre, & faire tremper la la laine , futaine , & couverture dans des chaudieres d'eau boüillante , laiffer feicher à l'air , & mettre dans la chambre clofe: s'il ny avoit point d'excremens, il ne faut qu'ouvrir les matelats aux coftez & au milieu , & les mettre fur des cordes & des perches , le parfum penetrera affez.

Il faut faire bien balier toute la maifon , ofter toutes les araignées , & ietter le tout dans la ruë, ou faire brufler les ordures.

S'il fe trouve dans lefdites maifons des coffres, cabinets & armoires qui ne foient pas ouvertes , il les faut faire ouvrir fans fortir rien de dedans ; car ledit parfum penetrera bien le tout.

Il faut enfuite que le Parfumeur mette en chaque chambre cinq à fix livres de foin fec , plus ou moins , felon fa grandeur: Il l'étendra de la rondeur d'un pied & demi de diametre , puis l'abaiffera avec les mains, & y iettera par deffus une écuelle de vin-aigre , & au deffus dudit foin , il y mettra deux livres de parfum cy-aprés mentionné , & couvrira ledit parfum d'une poignée de foin, & encore une demi écueillée de vinaigre par deſſus ; & on preparera à chaque chambre, ſale & cabinet, la meſme choſe, enſuite dequoy on fermera tous les tuyaux de cheminées & les feneſtres, en bien étoupant toutes les fentes des feneſtres & cloiſons. Tout eſtant fait,

Le Parfumeur prendra un flambeau allumé,& commencera au plus haut étage à mettre le feu audit parfum , & ne ſortira pas de la chambre qu'il ne voye le parfum allumé, puis tirera la porte aprés luy, pour faire jouër le parfum ; & de cette façon deſcendra d'vne chambre à l'autre juſqu'à la porte de la ruë, qu'il fermera ; & fera vne marque ſur la porte, à celle fin de ſçavoir les maiſons qui auront eſté parfumées : & deux jours aprés que ledit parfum aura eſté appliqué, on pourra entrer librement dans la maiſon ſans aucun danger.

Drogues qui doivent entrer dans la compoſition du parfum general, pour en faire cent livres ; & ſi l'on en veut faire davantage ou moins, on augmentera ou diminura à proportion.

PRENEZ.

Soulfre,	ſix livres.	Poix raſine,	ſix livres.
Antimoine,	quatre livres.	Orpiment,	quatre livres.
Sinabre,	trois livres.	Litarge,	quatre livres.
Aſſa fetida,	trois livres.	Cumin,	quatre livres.
Euphorbe,	quatre livres.	Zingembre,	quatre livres.
Son,	cinquante-ſept livres.		

Il faut pulveriſer toutes ces drogues chacune à part, & en faire le mélange dans vne chambre , jettant à terre la moitié du ſon, & y jetter encore pardeſſus vne partie des drogues en remuant beaucoup, & y ajoûtant le reſte du Son ; le tout eſtant bien remué avec vne pelle & mélangé, on mettra ce parfum dans vn ſac ou

vne caisse pour vous en seruir, conformément à ce qui
est écrit cy-dessus.

*Drogues qui doiuent entrer dans vn parfum plus doux pour
les personnes de condition, duquel ils se doiuent parfumer particulierement quand ils craignent auoir frequenté
quelques personnes infectées, ou par précaution : qui ne
peut estre nuisible, ny aux fémes enceintes, ny aux enfans.*

Encens,	quatre livres.	Benjoin,	deux livres.
Storax,	cinq livres.	Myrrhe,	quatre livres.
Canelle,	quatre liures.	Muscade,	deux livres.
Anis,	six livres.	Iris de Florence,	six livres.
Ladanum,	deux livres.	Geroffle,	vne livre.
Son,	soixante quatre livres.		

Il faut faire le mélange de celuy-cy comme du pré-
cedét, & faire l'application avec le foin pour l'allumer.

On peut demeurer dans ce parfum vne bonne demie
heure ; mais dans le premier, il n'y faut pas demeurer
que la longueur d'vn Pater noster.

TABLETTES CONTRE LA PESTE,

*pour en prendre trois fois la semaine, vne dragme le ma-
tin : & lors que l'on a frequenté des infectez, il en faut
prendre deux dragmes le soir, & se mettre dans le lit
pour bien suer, & vne heure apres vn boüillon.*

Fleurs de soulfre, vne once. Trochisque de viperes,
six dragmes. Poudre Diarhodon, vne dragme.
Poudre Diamargaritum frigidum, vne dragme.
Confection d'hyacinte, vne dragme.
Confection d'alKermes, vne dragme.

L'on en formera des tablettes avec le sucre fin, vne
livre, cuit avec l'eau de Scorssonnere ou Chardon
benit, lesquelles on couvrira de feuïlles d'or.

*Autre tablettes que l'on peut prendre ayant la peste, ou
estant parmy les pestiferez, vne dragme chaque prise, la
tenir dans la bouche, & la laisser fondre.*

Fleurs de soulfre, sept dragmes. Camphre, vn

ſcrupule. Poudre Diarhodon, vne dragme.

Il en faut former tablettes auec le ſucre fin quatorze onces, que l'on cuira en eau de Scabieuſe, & on couurira les tablettes de feüilles d'or.

Il y a quantité d'autres Cardiaques qui ne ſont point ſpecifiez icy, comme Theriaque, Mitridat, Orvietan, Confections & autres remedes communs, dont on ſe peut ſeruir : mais le principal eſt de faire obſeruer tout ce que deſſus, & qu'on prenne garde de ne point faire ſeigner ceux à qui la peſte & charbon paroiſſent; mais les tenir bien chauds iuſqu'à ce qu'ils ſoient hors de danger, particulierement les femmes enceintes.

Le plus grand remede de tous, c'eſt de fuïr bien loin, & reuenir bien tard.

Opiat ſpecifique & experimenté contre la peſte.

PRENEZ.

Racine d'Angelique, deux onces. Racine d'Imperatoire, vne once. De Valeriane, vne once. De Biſtorte, vne once. De Tormentille, vne once. De Dictame blanc, vne once. De Gentiane, vne once. De Calamus Aromaticus, vne once. De Carline, vne once. De Chameleon blanc, vne once. De Ariſtoloche ronde, vne once. De Ariſtoloche longue, vne once. De Conſolida major, vne once. De Scordium, vne once. Semence de Chardon benit, vne once.

Faut mettre toutes ces racines cy-deſſus en poudre, y adjouſtant, Theriaque, vne once. Confection d'Alkhermes, vne once. Confection d'Hyacinte, vne once.

On mettra leſdites Confections & Theriaque dans vne baſſine, leſquelles on déliura auec du ſyrop de Limons, & le miel d'épure, puis on y jettera les poudres qu'on remuëra, & on luy donnera la conſiſtance d'electuaire, ou comme le Theriaque. Cét Opiat est propre dans le commencement de toutes maladies pour la contagion, indigestion d'estomac , fievres malignes, coliques. C'est vn préservatif contre toute sorte de venins. La prise est de la grosseur d'vn gros pois à jeûn.

Parfum pour esrier les maisons & bastimens des pauures, & ce qu'il y faut obseruer, adiousté par un Maistre & Ancien Apotiquaire d'Amiens.

PRenez Soulfre trois livres, Poix résine deux livres, Antimoine crud vne livre & demie, Encens deux livres, Semences de genevre demie livre, au défaut, des branches coupées par menu, le tout mis en poudre & meslé ensemble.

Si l'Encens ne se peut piller il le faut couper par petits morceaux.

Où il n'y aura personne de demeurant l'on y adjoustera un once de Poivre guineé.

Faut mettre où il y a planchers vn demy pied de hauteur de terre, deux, trois ou quatre pieds de largeur, puis mettre dessus ladite terre,

Vne ou deux bottes, de foin sec en piramide selon la grandeur & hauteur du lieu, l'arrouser de bon vinaigre: sçavoir, vn lot sur chaque botte de foin, laisser 2. grands trous dessous ledit foin pour mettre de la paille seiche qui servira pour allumer le feu apres que l'on aura mis & espars une livre dud. parfum sur chaque botte de foin, & vne bonne poignée de branches de genevre coupées par menu, auparavant d'allumer le feu faut bien fermer tous les tuyaux de cheminées & les fenestres, en bien étoupant toutes les fentes des fenestres & Cloisons.

Parfum pour contre crrter les maisons, habits & linges.

PRenez soulfre demie livre , Resine & Encens de chacun une livre, Alum demie livre , Graine de genevre quatre onces , ou branches coupées. Piller le tout ensemble, & en mettre une livre sur une botte de foin preparé comme dessus, ou mettre du feu dedans des jattes de terre pour mettre & faire ledit parfum.

L'usage de la Theriac Diathessarum est bonne ; ce qui ne vaut que quatre sols l'once.

Pour en user au matin à jeun la grosseur d'une féve.

Se s'entant frappé en manger gros comme une petite noix , & boire un demy verre de vin , se mettre au lit pour exciter la sueur.

Les pillules de Ruffus sont fort souveraines, en prendre deux au matin, deux heures auparauant de déjeûner une fois la semaine.

Se s'entant frappé de peste avec tumeur , un emplastre épais de levin est bon , estant sec le renouveller diverses fois.

Vn oignon cuit dedans les cendres chaudes est bon pour appliquer sur peste ou charbons.

Cataplasme fait avec oignon de Lis , feüilles de Mauves, Violiers, plantin cuit dedans un peu d'eaüe, adjoustant du Basilicum ou graisse de porc , pour appliquer chaud sur le mal.

Autre Cataplasme , trois ou quatre gousses d'ail cuit en cendre chaude , pillé & passé par dessus un tamis y adjoustant un peu de Theriac Diathessarum est bon pour appliquer sur peste ou charbon.

Apres le Cataplasme, l'Emplastre de paracelse suffira jusques à parfaite guerison étendu sur du cuir doux.

A AMIENS , Chez la VEFVE HYBAYLT. 1668.

APPROBATION DES DOCTEVRS
en Medecine.

NOvs foubfignez Docteurs en Medecine & Doyen du College des Medecins d'Amiens, certifie avoir veu le petit Livre intitulé, Bref difcours de la prefervation & Cure de la Pefte, tiré en abregé du livre de Monfieur IOVYSE Docteur en Medecine de la Ville de Rouën, lequel pour la bonne methode & la facilité de fes remedes, à guarir le mal Contagieux, merite d'eftre imprimé pour l'vtilité publique, comme auffi le petit traicté de Monfieur Efpelly de la Ville de Marfeille, adjoufté par Monfieur le Febvre Doyen des Apoticaires de cette Ville d'Amiens, des Parfums & Airimens fort convenables pour purifier les meubles & maifons fans incommoder le voifinage, en foy dequoy i'ay figné ce prefent Certificat audit Amiens le 18. de Iuillet 1668. DV CROCQ.

PERMISSION.

VEV la prefente Requefte, l'Approbation des Docteurs en Medecine & les Conclufions du Procureur du Roy. Nous avons permis d'imprimer ledit Livret, & fur la Requefte de la Vefue Hubault. Faits deffenfes à tous autres de l'imprimer à peine d'amende & de tous defpens dommages & interefts defdits iour & an.

THIERY.

www.ingramcontent.com/pod-product-compliance
Lightning Source LLC
LaVergne TN
LVHW050241060726
842525LV00007B/2787